ASOCIACIÓN EDITORIAL tradicionalista

Biblioteca Tradicionalista

SELECCIONES Tradición VIVA

MADRID –MMXXI

JAIME BALMES

EL PADRE MARIANA

Jaime Balmes

Biblioteca
Tradicionalista

Obra editorial patrocinada por el:
Centro de Estudios Históricos y Políticos «*General Zumalacá-rregui*»
Colección dirigida por:
Carlos Mª Pérez-Roldán y Suanzes-Carpegna
Diseño de Portada y edición a cargo de:
Javier Mª Pérez-Roldán y Suanzes-Carpegna
Secretaría:
Mª Fuensanta Martínez Vázquez

© del prólogo: Carlos Mª Pérez-Roldán y Suanzes-Carpegna
© de la edición: Asociación Editorial Tradicionalista

www.tradicionviva.es
redaccion@tradicionviva.es
Teléfono: 912330083

PRIMERA EDICIÓN
ISBN: 9798728814740

NOTA DEL EDITOR

Hoy editamos en la colección *Selecciones Tradición Viva* la obra *Mariana,* de Jaime Balmes, por cuanto la figura del biografiado Padre Mariana esta siendo protagonista de una manipulación y apropiación por parte de ideólogos liberales que quieren ver en el jesuita, teólogo, e historiador español, un precedente claro del liberalismo; sin embargo, la realidad es muy otra, ya que su acendrado catolicismo le hubiera impedido, de haber nacido doscientos años después, militar bajo las banderas de los ideólogos liberales, por cuanto todo el liberalismo supone un error en materia de fe y de religión, y supone la exaltación a ultranza de la falsa libertad, emancipando al hombre de Dios, de Su ley, y de Su Revelación.

Mariana, como hombre de su época, era únicamente liberal en el sentido cervantino, es decir, *"generoso o que obra con liberalidad"* tal y como recoge el diccionario de la Real Academia Española en su primera acepción, por lo que la apropiación de su figura por diferentes institutos e intelectuales liberales supone un latrocinio que va siendo hora de denunciar.

Si quisiéramos resumir la egregia figura del Padre Mariana sería suficiente con repetir las palabras que Balmes le dedica: *"consumado teólogo, latinista perfecto, profundo conocedor del griego y de las lenguas orientales, literato brillante estimable economista, político de elevada previsión, he aquí su cabeza, añadid una vida irreprensible, una moral severa, un corazón que no conoce las ficciones incapaz de lisonja que late vivamente a solo nombre de libertad, como el de los fieros republicanos de Grecia y Roma, una voz firme, intrépida que se levanta contra todo linaje de abusos, sin consideraciones a los grandes, sin temblar cuando se dirige a los reyes, y considerad que todo esto haya reunido en un hombre que vive en una pequeña celda de los Jesuitas de Toledo, y tendréis ciertamente un conjunto de cali-*

dades y circunstancias que rara vez concurren en una misma persona."

Efectivamente, Juan de Mariana vio la luz en Talavera de la Reina (Toledo) un dos de abril de mil quinientos treinta y seis, para convertirse con el paso de los años en uno de los más extraordinarios hombres de su tiempo.

Como tantos otros de los grandes intelectuales españoles protagonistas de esos dos Siglos de Oro que no han tenido parangón en la historia, ingresó en 1547 en la Universidad de Alcalá, donde estudió Filosofía y Teología, y en la que conocería a Jerónimo Nadal, colaborador de San Ignacio de Loyola, que influyó en su ingreso en la Compañía de Jesús, por aquellos entonces milicia intelectual de la Iglesia.

Una vez ingresado en la Compañía, Diego Laínez le encargó impartir clases de Teología en el colegio que los jesuitas habían fundado en Roma, iniciando así su actividad docente que le llevó por media Europa para llegar en 1569 al colegio de Cleremont de París, donde enseñó la doctrina de Santo Tomás.

En París presenció la conocida matanza de San Bartolomé que le marcó indeleblemente e

influyó en su tesis más polémica sobre el tiranicidio, así como en su defensa a ultranza de la uni-
dad religiosa.

De vuelta a España, en 1574 se estableció
en la Casa Profesa que los jesuitas tenían en Toledo, dedicándose íntegramente al estudio, lo
que le facultó para ser nombrado por el Santo
Oficio examinador sinodal de la edición siríaca de
la Biblia Políglota, la llamada *Biblia Regia* que
Arias Montano había publicado en Amberes, y de
la que algunos tenían sospechas de su poca orto-
doxia, sospechas que se disiparon tras el juicio
favorable a su totalidad que el jesuita publicó en
1609 con el título de *Pro editione Vulgata*.

En 1592 publicó en Toledo y en latín *Histo-
riae de rebus Hispaniae libri XXV*, quizá por aquel
adagio de *"traductor infiel"* y evitar malas inter-
pretaciones, la tradujo el mismo al español en
1601 con el título *Historia general de España:
compuesta en Latín, después buelta en castellano
por Juan de Mariana. D. Theologo de la compañía
de Jesús*. Su obra, que inicialmente abarcaba toda
la historia de España y Portugal desde los tiempos
remotos hasta la muerte de Fernando el Católico,
fue ampliada en 1621 para incluir los principales
acontecimientos ocurridos desde la muerte de

Fernando el Católico hasta los primeros años del siglo XVII, ampliación que denota lo escrupuloso, sistemático, y concienzudo que era en su trabajo intelectual.

Sin duda alguna en 1599 da el paso definitivo para que su figura sea recordada todavía hoy, pues en dicho año para la educación de Felipe III, *De Rege et regis institutione libri III*, en el que estudia entro otras materias el origen, límites y carácter del poder monárquico, las ventajas y desventajas de las diversas formas de gobierno y la controvertida cuestión del tiranicidio. Igualmente, el libro aborda los deberes del Rey respecto a la justicia, la guerra, la agricultura, los tributos, la propiedad y otros aspectos relacionados con el arte de gobernar.

En 1609 publicó *De Monetae Mutatione*, obra que provocó admiración en su época y que ha seguido suscitando interés hasta la actualidad, constituyendo uno de los principales argumentos para que algunas corrientes liberales estén tratando de apropiarse de su figura. En De *Monetae Mutatione* Mariana denunciaba las manipulaciones monetarias que se estaban produciendo desde que en 1602 Felipe III ordenara que la moneda de vellón fabricada a partir de ese momento fuera únicamente de cobre, sin cantidad alguna de plata, y, además, con un peso reducido a la mitad con respecto a las anteriores emisiones. Sus reflexiones sobre la propiedad, las limitaciones a la facultad del Rey de disponer de los bienes de los ciudadanos, y sus conceptos de la legitimidad y limitaciones del poder, siguen sorprendiendo hoy en día, pues a principios del siglo XVII, en la España católica, había más libertad para pensar que en la España del siglo XXI, donde la crítica al poder y a la democracia convierten a cualquier autor en un disidente objeto de persecución y condena.

Como cualquier otro intelectual sobresaliente de su época paso proceso ante la Inquisición, pero como quiera que el Tribunal solo buscara la verdad, lo cierto es que nunca se dictó condena contra el jesuita.

Su vida mortal se apagó en Toledo el 17 de febrero de 1624.

Como quiera que sería osadía que una nota del editor robara el gusto de saborear la obra anotada, y como quiera que no será la última vez que en la colección *Textos Tradición Viva* publiquemos obras de Jaime Balmes, no nos extenderemos en biografiar al autor, siendo suficiente decir que la gran figura de este español nacido en Vich, y al que con razón Pio XII llamó *"Príncipe de la Apologética moderna"*, es de sobre conocida por cuanto dos de sus obras, *El criterio,* y *El protestantismo comparado con el catolicismo en su relaciones con la civilización europea* han sido profusamente reeditadas.

La obra que ahora tiene el lector en sus manos ha seguido la edición de la Biblioteca Balmes editada en mil novecientos veinticinco, al volumen XII de las *Obras Completas del Dr. D. Jaime Balmes Pbro. Ordenada y anotada por el P. Ignacio Casanovas, S. J.*, corrigiendo algunas erratas de aquella edición y actualizando la acentuación y la puntuación.

Carlos Mª Pérez- Roldán y Suanzes- Carpegna

MARIANA

En Mariana todos conocen al historiador, muchos no conocen al hombre, el autor de la *Historia de España* es célebre entre nacionales y extranjeros, pero muchos de éstos y no pocos de aquéllos están lejos de pensar que el jesuita de Toledo haya sido uno de los hombres más extraordinarios de su tiempo. Y no es porque no se halle escrita su vida, ni porque sus obras yazcan en la obscuridad, al contrario, se ha tenido el cuidado de escribir la vida de este hombre ilustre con mucha diligencia y notable esmero, y en cuanto a sus obras forman todavía nuestra lectura cotidiana.

¿Qué falta, pues, para conocerle debidamente? Falta, en nuestro entender, la cabal apreciación del conjunto de sus cualidades, de su talento, de su carácter, de su espíritu de altanera independencia, calidades que le crearon una posición particular y le mantuvieron en ella durante su dilatada carrera. No nos proponemos hacer esta apreciación, cosa que exigiría más tiempo y que no podría encerrarse en los límites de un artículo, sin embargo, como dicho escritor es una de las figuras más interesantes de nuestra historia literaria, vamos a trazar algunos de sus rasgos, siquiera para comunicar a los demás las impresiones que hemos sentido al pararnos no pocas veces a contemplarla. Además, que Mariana es una de nuestras glorias y el recordar su nombre es recordar uno de los más bellos títulos de nuestra pasada grandeza. ¡La España ha caído en tanto abatimiento, es tan desgraciada, y los desgraciados toman tanto gusto en alimentarse de recuerdo!

Por de pronto es bien singular el conjunto que se nos ofrece en Mariana: consumado teólogo, latinista perfecto, profundo conocedor del griego y de las lenguas orientales, literato brillante estimable economista, político de elevada previsión, he aquí su cabeza, añadid una vida irreprensible una moral severa, un corazón que no conoce las ficciones incapaz de lisonja que late vivamente a solo nombre de libertad, como el de los fieros republicanos de Grecia y Roma una voz firme, intrépida que se levanta contra todo linaje de abusos, sin consideraciones a los grandes, sin temblar cuando se dirige a los reyes, y considerad que todo esto haya reunido en un hombre que vive en una pequeña celda de los Jesuitas de Toledo, y tendréis ciertamente un conjunto de calidades y circunstancias que rara vez concurren en una misma persona.

La reputación de Mariana no se debió al lustre de su familia, tuvo la desgracia de no poder señalar sus padres, desgracia que no obscureció la gloria de su carrera, de nadie necesitaba: su fuerza estaba en su cabeza, la hidalguía en su corazón. Echósele en cara que había nacido de un extranjero: esto no es verdad, como quiera, entre los que recordaron al ilustre escritor su nacimiento oculto deseáramos no encontrar un nombre tan esclarecido como el de don Antonio Hurtado de Mendoza. Nadie ignora que los padres de Mariana eran españoles y que nació en Talavera, diócesis de Toledo, en 1536. Él recordaría seguramente lo que debió a su país natal cuando aprovechó la ocasión de dejarnos una descripción hermosa de Talavera y sus alrededores.

Siéntese en el fondo del carácter del ilustre escritor cierta agrura que parece deslizarse en sus obras, comunicando a muchos pasajes un dejo sentido y acerbo, quizás pueda esto atribuirse a aquellas gotas de amargura que se derraman en el corazón de un niño cuyo llanto no fuera jamás acallado con las caricias de la ternura maternal. Quien no tiene familia menester es que sienta en su corazón un profundo vacío, desde el momento que conoce su existencia se encuentra solo, abandonado, despegado de todo el mundo, esto ha de producir naturalmente una reacción. El infortunado se repliega sobre sí mismo y se endurece contra todo. El escritor tenía ya setenta y tres años, y el recuerdo de su nacimiento resonaba quizás tristemente en su alma cuando, dirigiéndose al papa Paulo V, se apellidaba *infimae conditionis homo*.

No diremos al lector que Mariana mostró desde luego las disposiciones más felices, bien lo dará por supuesto aunque no se lo diga, sin embargo, observaremos que a la edad de diez y siete años debía de prometer mucho, pues que, habiendo a la sazón entrado en la Compañía de Jesús, cuéntase que el Santo Fundador recibió esta noticia con satisfacción muy particular, enviándole desde Roma su bendición. Hizo sus estudios con mucho lustre, y se entregó al trabajo con aquella decisión que podía esperarse de su carácter de hierro. La filosofía y teología de las escuelas no bastaban a su avidez de aprender, quizás no satisfacían cumplidamente su espíritu, así es que, al propio tiempo que estudiaba con ardor esta ciencia, no olvidaba ocuparse en las lenguas y en la literatura. El joven teólogo no tenía más que veinticuatro años, pero ya no podía temer que se le hiciese el cargo que Melchor Cano dirigía a algunos teólogos de su tiempo, diciéndoles que para combatir con los herejes no tenían otras armas que largas cañas, *arundines longas*. Por lo que toca a su moral severa y a su irreprensible conducta, pudo aprenderlas en excelente escuela, pasó su noviciado bajo la dirección de San Francisco de Borja.

Los jesuitas, que entendían en materia de hombres y talentos, no se habían equivocado sobre las brillantes disposiciones del joven estudiante, y así es que, cuando en tiempo del general Laínez fundaron el Colegio Romano proponiéndose reunir allí la flor de los talentos de la

Compañía, fijaron los ojos en Mariana, nombrándole profesor a la edad de veinticuatro años. Se ha dicho que entre sus discípulos contó al célebre Belarmino, lo que hay de cierto es que, mientras nuestro profesor enseñaba teología en Roma, el insigne controversista seguía el curso de filosofía en el mismo colegio. Consérvase un interesante pasaje en que Mariana se complace en recordar al cardenal aquellos tiempos felices que echaba de menos todavía en su vejez. «Quisiera, le dice, solazar un poco mi espíritu con la memoria de las cosas pasadas, permítasele ese recuerdo a un anciano.» Nombra en seguida a Parra, Ledesma, Toledo, que después fue cardenal, Perera, Acosta, al matemático Clavio, a Bautista, profesor de hebreo, al valenciano Esteve, maestro de griego, a Organtino, que murió en el Japón, y por fin al insigne Maldonado, y luego exclama: «¡Oh qué tiempos, qué hombres! Yo los recuerdo con frecuencia, y ese recuerdo fortifica mi corazón.»

La salud de Mariana se alteró notablemente en Roma, o a causa del clima, o bien por el excesivo trabajo de las tareas de su cátedra, quizás contribuyeron las dos cosas, y así parece creerlo él mismo cuando dice: «El trabajo excesivo de enseñar, y el clima malsano, sobre todo para los extranjeros como yo, debilitaron desde un principio mis fuerzas.» Precisado a salir de Roma, pasó a Sicilia, donde enseñó una temporada, hasta que fue llamado a la Universidad de París. En ese vasto teatro confirmó la justicia de su reputación, siendo de ello la mejor prueba el gran número de discípulos que acudían a sus lecciones. Allí fue donde sucedió aquel hecho extraño que bien merece recordarse por retratar el espíritu de la época. Uno de los estudiantes más aplicados llegó un día demasiado tarde, y no pudo entrar para oír la explicación del profesor. ¿Qué hace el estudiante? Vuelve atrás a toda prisa, va en busca de una escalera, la arrima a la pared y sube a la ventana, colocándose de suerte que pudiese oír la lección. Mariana advierte el raro expediente del alumno, interrumpe su discurso, dale una mirada y le dirige aquellas palabras del Evangelio: «Quien no entra por la puerta es un ladrón. - Sí, señor, replicó con viveza el estudiante, para robar vuestra doctrina.»

Bien se deja entender que si el profesor de la Universidad de París hubiese deseado figurar en el mundo, ora continuando su enseñanza en las más distinguidas escuelas de Europa, ora elevándose a los más altos rangos de su orden, la posición que había conquistado le hubiera ofrecido en abundancia los medios de satisfacer su ambición. Su nombradía, establecida ya muy sólidamente, se iba ensanchando cada día más y más, y ligado en amistad con los hombres más distinguidos de su siglo no hubiera escaseado de apoyo para levantarse a los puestos más importantes. Perca su genio pensador, su carácter indomable, su deseo de independencia se avenían mejor con la soledad, con la obscuridad misma, donde podía entregarse sin reserva a la meditación y al estudio. Esto explicaría quizás por qué a la edad de treinta y siete años se resolvió a dejar París, donde podía prometerse un porvenir tan lisonjero, bien que mediaba otra causa poderosa que le obligaba a volver a su patria. El clima de las márgenes del Sena no era menos contrario a su salud que el de las orillas del Tíber, una grave enfermedad, que le forzó a interrumpir todos sus trabajos, le dio a conocer la necesidad de respirar el aire de su país natal, y así, después de una ausencia de trece años, volvió a España y se fijó en Toledo. Esta ciudad no yacía entonces en el abatimiento en que ahora se encuentra, descendía, sí, la dolorosa pendiente que la llevaba, de un rango tan elevado entre las ciudades, a no ser más que un recuerdo, pero no estaba todavía tan lejos de la cumbre de su gloria, que no se la rodease de consideración y respeto. La antigua corte de los reyes era a la sazón una reina viuda, cuya belleza se ha marchitado con los años, pero en cuyo semblante se descubren aún los rasgos que recuerdan la diadema. Por esta causa no se hallaba mal en Toledo el profesor de Roma y París, su espíritu podía vivir en una esfera en que no le faltaban los medios de nutrirse y de derramarse, tal vez encontraba allí las ventajas de la corte sin sufrir sus inconvenientes. La abundancia de libros, el trato con personas instruidas, no le faltaban en una población donde existían tribunales superiores, un clero rico y numeroso, comunidades religiosas en un estado brillante, familias ilustres y tantos restos de una antigua grandeza que el tiempo no había consumido, que el soplo de las revoluciones no había dispersado.

El alto mérito de Mariana fue apreciado cual merecía, no se presentaba un negocio grave y espinoso que no fuera enviado a su consulta, y sabida es la confianza que le dispensaba el cardenal de Quiroga, arzobispo de Toledo, quien se aprovechaba de sus luces en los negocios más importante. Una prueba de la reputación que disfrutaba Mariana fue el nombrarle censor en la ruidosa cuestión de la Poliglota de Amberes, llamada *Biblia Regia* o *Filipina*, del nombre de Felipe II, que fomentó y sostuvo la empresa. Nadie ignora cuán graves cargos se hacían al insigne Arias Montano, que había dirigido la edición por orden expresa del monarca. El texto, los prefacios, los comentarios, todo era objeto de la crítica más dura; la fe del ilustre sabio se había hecho sospechosa para algunos, acusábanle de haber bebido en las fuentes de los rabinos y de los herejes, y aun se llegaba a decir que se inclinaba al judaísmo. Por más predilección que mereciese a Felipe II Arias Montano, las acusaciones eran tan graves y la disputa se había empeñado de tal suerte, que fue preciso fijar en ella la atención y tomar decididamente un partido, para saber si había de continuar o no la circulación de la nueva Biblia. Instruyose el debido expediente con la idea de sacar en claro la justicia o sinrazón de las inculpaciones dirigidas contra Montano, pero los ánimos se hallaban tan exaltados con el calor de la disputa, que no era fácil tarea distinguir entre la voz del celo y el grito de la envidia. Además, para resolver una cuestión semejante no bastaba una consulta de teólogos que no conociesen más que la *Vulgata*; el negocio pedía por juez competente un hombre versado en las lenguas contenidas en la

Poliglota, instruido en la ciencia de los rabinos, conocedor de los antiguos padres de la Iglesia, que además reuniese la erudición necesaria para formar paralelo entre la nueva edición y las antiguas, y dotado por fin de una comprensión bastante para abarcar y profundizar la cuestión en todas sus ramificaciones, y de un juicio maduro, prudente, y sobre todo firme e imparcial, para no dejarse doblegar ni arrastrar por las pasiones o intereses de partido. Las miradas se fijaron sobre Mariana, el resultado justificó la elección.

Bien se alcanza con cuánto ardor se entregaría a su tarea, no sólo para sostenerse con dignidad en presencia de los contendientes, sino para hacer frente si necesario fuese, a un hombre cuya fama rayaba tan alto como Arias Montano. Al cabo de dos años la censura salió a luz, y fue tan aplaudida que, habiendo llegado a Roma la noticia de su mérito, el papa Gregorio XIII deseó verla y pidió una copia, que en efecto le fue enviada. Los límites del artículo no permiten entrar en sus pormenores sobre el contenido de la censura, pues aun cuando nos contentásemos con el extracto que de ella se encuentra en la *Vida de Mariana*, que precede a su *Historia de España* en la edición de Valencia publicada en el último tercio del pasado siglo, llenaríamos con exceso el espacio de este número. Bastará decir que, sin disimular lo que le pareció reprensible en la edición de Montano, dio un juicio favorable a la totalidad de la obra, siendo de notar que la Poliglota continuó circulando, cortándose por la autoridad de un solo hombre una cuestión que al parecer debía de haber ocupado una numerosa junta. Un documento como éste debía haberse impreso a su debido tiempo y no dejarle expuesto a perderse pues a fines del pasado siglo el manuscrito se había hecho muy raro y costaba ya dificultad el procurárselo.

Algunos han dicho que los jesuitas se habían entrometido en el negocio y que se habían esforzado en doblegar contra Montano la rectitud del censor. No ignoramos que Montano no era amigo de los jesuitas, pero no vemos que puedan producirse documentos fehacientes de la supuesta intriga. Al menos el autor de este artículo no los conoce, y cuando se quiere hacer un mérito a la imparcialidad de Mariana, diciendo que todo el ascendiente de su Orden no alcanzó a torcerla, nos inclinamos a creer que hay aquí más bien el prurito de inculpar a los jesuitas que el interés por el jesuita. Hay quien funda semejante cargo diciendo que Mariana sabía anticipadamente su nombramiento para la censura, pues, como él mismo dice, se preparaba de antemano a desempeñarla, pero esto en nuestro juicio nada prueba, pues que es claro que antes del nombramiento oficial debieron de mediar algunas pláticas en que se hablaría de la persona que se consideraba más a propósito, y que entre los sabios capaces de corresponder a tan distinguida confianza se designaría a Mariana. Éste, por otra parte, conocía sus fuerzas y no sería extraño que pensase que al fin el negocio había de parar en sus manos. Si, como quieren suponer algunos, el nombramiento de Mariana fue procurado por intrigas de los jesuitas, no mostraron mucha habilidad designando a un hombre cuyo inflexible carácter bien habían podido conocer y de quien debía constarles que nada podían esperar.

En 1595 publicó la primera edición de su *Historia de España*, escribiola en latín por dos razones: primera, porque ésta era la costumbre de la época, segunda, para facilitar su circulación en el extranjero, pues, como él mismo nos dice, había conocido en sus viajes que las demás naciones tenían vivos deseos de saber la historia de un pueblo que se había levantado a tan alto punto de esplendor y pujanza. La primera edición no contenía más que veinticinco libros, pero, queriendo comprender la historia del reinado de Fernando el Católico y de Isabel, añadió otros cinco, que se publicaron en las ediciones siguientes. Tradújola él mismo en castellano y la dio a luz en Toledo en 1601, *La Historia de España* es un glorioso monumento que aseguró al autor la inmortalidad, por más que digan críticos descontentadizos que salen ahora protestando contra el fallo de los siglos. No nos es dable hacer en este lugar ni la apología ni la crítica de la Historia de Mariana, no pertenece a aquella clase de obras que se juzgan de paso, como se leen caminando, diremos, sin embargo, dos palabras sobre ello, pues que sería extraño consagrar un artículo al autor y pasar por alto su obra maestra.

Severos cargos se han hecho al historiador por lo que toca al fondo de la obra, y nadie ignora que no son de hoy, como lo acredita la acalorada polémica de Mantuano, en vida del mismo autor. Pero si se quiere juzgar con imparcialidad es necesario colocar la cuestión en el verdadero terreno, y no discutir si Mariana bebió o no siempre en manantiales puros, si fue extraviado por su nimia deferencia a los escritores que le habían precedido, ni tampoco si desde su tiempo se han aclarado varios puntos de nuestra historia, poniendo de manifiesto las equivocaciones del historiador, lo que conviene hacer es colocarse en el puesto de Mariana y examinar si hizo todo lo que hacer podía, atendidos los medios que tenía a la mano. No le faltaron ni detenido estudio de la materia, ni un juicio severo, ni una imparcialidad inflexible, es decir, que reunió las principales calidades del historiador, lo demás no debe achacarse a él, sino al atraso de su tiempo. Sabido es que él mismo confiesa que algunas veces había caído en error, y que señala la causa de ello en haber fiado en demasía en la autoridad de los antiguos cronistas. «Y aun por seguirlos habremos alguna vez tropezado, yerro digno de perdón, por hollar en las pisadas de los que nos iban delante» (Prólogo dirigido al rey). En su respuesta a Mantuano dice expresamente que su intención no había sido formar una historia, sino únicamente poner en buen orden y estilo lo que habían recogido los otros. Quería levantar un edificio cuyos materiales tomaba prestados. Si el autor no tuvo otra intención, menester es confesar que excedió en mucho el fin que se había propuesto, dado que nadie puede negar a su obra el mérito de una verdadera historia. Sea cual fuere el juicio que sobre ella se forme, nunca se dirá que no sea algo más que una colección bien ordenada. Por muy modesta que fuese la idea del autor, no dejó de satisfacerle sobremanera cuando la vio ejecutada: «La grandeza de España conservará esta obra», dice en su prólogo, y la España no ha desmentido su pronóstico. Hasta se inclina uno fácilmente a perdonarle esa jactancia, un mérito muy alto se conoce a sí mismo, y no siempre tiene la superioridad necesaria para hacer el sacrificio de callar. Oímos con demasiada frecuencia aquello de *exegi monumentum cere perennius* de Horacio.

Por lo que toca a la imparcialidad, una de las calidades más indispensables y más raras en los historiadores, Mariana la poseyó en alto grado, y de él no puede decirse, como de tantos otros, que al escribir la historia de su patria bien se conocía que estaba hablando de su madre. Al contrario, fue en esta parte tan severo, que hirió vivamente el orgullo nacional, y con esta ocasión se le dijo que su odio contra España mostraba a las claras su origen extranjero. Hasta llegó a discutirse en el seno del Congreso si convendría suprimir una obra que mancillaba el honor de la nación, la Providencia, que vela sobre nuestra patria, apartó seguramente de tan desatentada medida a los buenos consejeros.

El estilo y el lenguaje de Mariana no están exentos de defectos, expresóse a veces de una manera sobradamente cortada y afecta en demasía al género sentencioso, su habla, por hermosa que sea, no es siempre tan sonora y corriente cual demanda el genio de la lengua. Gusta mucho de las palabras anticuadas, lo que hizo decir muy felizmente a Saavedra: «que así como otros se tiñen las barbas para parecer mozos, así él para hacerse viejo». Ya se ha observado en defensa de Mariana que estos defectos, sobre todo lo tocante a las sentencias, eran más bien de la época que suyos, Tácito era un autor de moda. Quizás las cosas estaban en buen punto, si de la gravedad de aquellos tiempos pudiese comunicársenos algo a nosotros, para neutralizar la excesiva ligereza que, por desgracia, se nos va pegando de una nación vecina. Todavía puede hacerse otra reflexión en favor de Mariana por lo perteneciente al estilo: su historia fue escrita en latín, temeroso de que no cayese en manos de algún mal traductor la puso él mismo en español, y claro es que el lenguaje debía resentirse algún tanto del molde en que por primera vez se había vaciado la obra, y que la imitación de los autores latinos debía resultar más sensible. Seguramente no fuera muy difícil descubrir en diferentes pasajes de la obra castellana el dejo de la latina. El carácter grave y severo de Mariana le inclinaba al estilo sentencioso y al lenguaje anticuado, parece que se hallaba mal con todo lo que le rodeaba, echaba menos los tiempos pasados, *priscae gravitatis exemplum*, como dice él mismo. Por esto le gusta el arcaísmo, por esto procura dar a su estilo un aire anticuado, y le agrada vestir el traje del siglo XIV. Sea como fuere, el lenguaje de Mariana puede servir de modelo, y hasta es digno de elogio el autor, por haberse opuesto ya de antemano al prurito de desnaturalizar nuestra lengua con la introducción de palabras extranjeras y dejando sin uso el riquísimo caudal de voces que, aprovechadas cual conviene, podrían darle decidida superioridad sobre los demás idiomas de Europa. No se crea que el autor de la *Historia de España* desconociese esta calidad de su lenguaje, ni dejase de prever la crítica que por esta razón podría dirigírsele. Todo cuanto se diga sobre el particular lo adelantó él mismo con las siguientes palabras: «Algunos vocablos antiguos se pegaron de las crónicas de España, de que usamos por ser más significativos y propios, por variar el lenguaje y por lo que en razón de estilo escriben Cicerón y Quintiliano.»

Llegamos al famoso libro *De Rege et Regís Instituiume*, quemado en París por la mano del verdugo, de orden del parlamento, preciso es confesar que esta corporación no se alarmó sin motivo, un país donde habían sido asesinados en pocos años dos reyes debía naturalmente temblar a la lectura de algunos capítulos de dicha obra. Estremecimiento causan las páginas donde resuelve la cuestión de si es lícito matar al tirano, en la manera con que habla de Jacobo Clement bien se echa de ver que no miraba en el asesino aquel monstruo de que nos habla Carlos de Valois cuando, refiriéndonos que le había encontrado al dirigirse al palacio del rey para ejecutar su formidable proyecto, dice que la naturaleza le había hecho de tan mala catadura, que su rostro parecía más bien de un demonio que de hombre. A los ojos de Mariana se presentaba como un héroe que da la muerte y la recibe para libertar su patria. ¿Qué pensaremos de Mariana? La respuesta no es difícil, hay épocas de vértigo que trastornan las cabezas, y aquélla lo era. Por cierto que el autor no está solo en el negocio. Cuando se supo en París la nueva de la muerte del rey, madama de Montpensier, en coche, con su madre madama de Nemours, andaba de calle en calle gritando: «Buena noticia, amigos míos, buena noticia: el tirano es muerto, ya no hay en Francia Enrique de Valois.» Nadie ignora lo que en seguida se practicó en París, el término fue digno del principio. Las simpatías de España estaban en contra de Enrique III, por consiguiente, nada extraño es que el espíritu del escritor se resintiese de la atmósfera que le rodeaba. No quiero decir por esto que sus doctrinas sean el fruto de un momento de arrebato, al contrario, basta leer la obra para advertir que sus máximas están ligadas con su teoría sobre el poder, y que las defiende con profunda convicción. Verdad es que, al abordar de frente la terrible dificultad, se exalta su ánimo como si quisiera tomar aliento para salvarla, pero no es la exaltación lo que les sugiere las doctrinas, antes bien son éstas lo que le enardece y exalta. Es lamentable, por cierto, que Mariana no haya tratado la cuestión con más tino y que haya sacado tan formidables consecuencias de sus principios sobre el poder; sin la doctrina del tiranicidio su libro fuera en verdad muy democrático, pero a lo menos no espantaría al lector con el siniestro reflejo de un puñal que hiere. En dicha obra se encuentran lecciones de que pueden aprovecharse los reyes y los demás gobernantes, feliz el autor si no hubiese dado a su enseñanza una sanción tan terrible.

Una particularidad se halla en dicha obra, digna de no ser pasada por alto. El autor se pregunta si es lícito matar al tirano por medio del veneno, y resuelve que no, quizás se trasluce aquí un rasgo de su carácter, quizás deseaba que quien tenía bastante audacia para matar tuviese la fortaleza de morir. Esto podría parecer un freno para los asesinos, desgraciadamente la Historia y la experiencia de cada día nos muestran que ese freno no basta.

El alma de Mariana, su índole inflexible, su carácter altivo, se pintan en su obra. Complácese en recordar a los reyes que han recibido del pueblo su autoridad y que deben valerse de ella con mucha templanza, *singulari modestia*, que deben mandar a sus súbditos, no como a esclavos, sino como a hombres libres, y que, habiendo recibido del pueblo su poder, deben procurar toda su vida conservar esa buena voluntad de sus vasallos. *Et qui a populo potestatem accepit id in primis, curte habet, ut per totam vitam volentibus imperet*. Un análisis de este libro daría lugar a muchas y graves consideraciones.

Es bien notable que una obra tal pudiese publicarse en España con todas las condiciones requeridas. La edición de Toledo lleva el privilegio otorgado por el rey, la aprobación del P. Fr. Pedro de Oña, provincial de los mercenarios de Madrid, y es dedicada al rey Felipe III. Advertiré, de paso, que el autor de la vida de Mariana que precede la edición de Valencia de la *Historia de España* se equivocó afirmando que este libro se había publicado en vida de Felipe II, verdad es que fue compuesto en el reinado de este príncipe, por insinuación de Loaísa, preceptor a la sazón del heredero de la corona, después Felipe III, pero cuando el libro salió a luz Felipe II ya no existía. El título de la obra es: *De Rege et Regís Institutione ad Philippum III, libri 3*. La impresión es de Toledo en 1599.

Esta tolerancia será inconcebible para aquellos que no conocen nuestra historia política y literaria sino por medio de los autores que no saben escribir una página sin hacernos erizar los cabellos con las hogueras de la inquisición y el sombrío despotismo de los monarcas, para quien haya meditado fríamente sobre el espíritu de aquella época, calificando con imparcialidad los hombres y las cosas, el fenómeno no es tan inexplicable. Creerán quizás algunos que se toleró la obra de Mariana por sostenerse en ella el partido de la Liga, pero entonces la Liga había dejado de existir y además el autor habla en general y no se concreta a la Francia sino para ofrecer un ejemplo que, por ser tan reciente y ruidoso le viene a la mano. De seguro que otros pensaran que Mariana se guardó muy bien de decir una palabra contra los reyes de España, o de asentar nada que tendiese a limitar su absolutismo, pues muy al contrario, si habla recio contra los reyes de Francia no tiene mucho miramiento con los de España. Al tratar de las contribuciones, punto siempre muy delicado y quisquilloso, se expresa con atrevimiento increíble: no quiere que el derecho de las Cortes sea meramente nominal, reprueba severamente los hechos que conducían a la pérdida de la libertad y se queja sin rodeos de que se nos quisiese importar de Francia la costumbre de imponer los reyes los tributos de la autoridad propia, sin el consentimiento de la nación. «Cuando menos, dirían otros, el clero debe ser muy bien tratado en esta obra, y el autor habrá conseguido la tolerancia, obligándose a no decir la menor palabra que pudiese desagradar a esa clase entonces tan poderosa.» Nada de esto, cuando se le ofrece la ocasión habla del uso que debe hacerse de los bienes eclesiásticos con entera libertad, y donde le parece ver un abuso le condena sin consideración a nadie. Esto nos pinta Mariana, pero también nos retrata la España.

El atrevido escritor tocaba al término de su larga carrera sin haber sufrido ninguno de aquellos grandes infortunios que son comúnmente el patrimonio de los grandes hombres y que dan a su mérito más esplendor y realce. Había cumplido setenta y dos años, y su alma de fuego, que abrigaba todavía el ardor de la juventud, no podía estar tranquila y meditaba la publicación de otras obras. El fogoso anciano no se hallaba en disposición de emprender largos viajes para llevar a imprimir fuera de España escritos que le habían de acarrear la enemistad de los poderosos, conocía, además, que si éstos llegaban a tener noticia del contenido de los nuevos escritos, impedirían su publicación en España. ¿Qué hace, pues? Dispone las cosas de manera que la edición se haga en Colonia, quedando satisfecho que salieran a luz, sin curarse de las consecuencias que podían acarrearle. Permanece tranquilamente en Toledo, y, resuelto a no desconocer su obra, aguarda impávido que estalle sobre su cabeza la cólera de los magnates. «Lo que a otros hubiera asustado, dice el intrépido viejo, a mí me incita y alienta. ¿Qué hay que hacer? Este es mi genio.» *Quot alios terrere potuisset, me magis ad conosulum incitavit. Quid facias? Ita est ingenium.*

En tiempo de Felipe III hízose una mudanza en la moneda, aumentando la cantidad de la de vellón, que por otra parte era de ley inferior a lo que correspondía. Los resultados fueron los que son siempre que los gobiernos se aventuran a esas desastrosas medidas: La moneda crece nominalmente, pero permanece la misma en realidad, la ley le señala un valor más alto de lo justo, pero los interesados elevan en la misma proporción los precios, reduciendo de esta manera la estimación del dinero y esforzándose a establecer el debido equilibrio. De esto dimana la alteración de todos los valores, el trastorno en las relaciones mercantiles, el desorden, la desconfianza y, por consiguiente, la miseria del pueblo. Mariana había sido testigo de esos males, y en el libro *De mutatione monetae* levanta su voz con el valor acostumbrado. En su libro *De morte et immortalite* habló también con su natural osadía, y así es que el gobierno se dio por ofendido y se trató de formarles causa. Ya se deja suponer que su obra *De Rege et Regis Institutione* debía de haber llamado la atención en España y excitado mayores recelos desde que el parlamento de París le había condenado con tanta severidad. Este conjunto de causas decidieron la formación del proceso, y el autor fue preso en septiembre de 1609 y conducido al convento de San Francisco de Madrid. No cabe en los estrechos límites de un artículo hacer la historia de este proceso, basta decir que el reo contestó a todos los cargos con su acostumbrada firmeza, y que, si bien recordó a los jueces sus antiguos servicios en pro de la religión y de las letras y hasta su avanzada edad, sin embargo no hizo traición a sus sentimientos, y se confesó paladinamente autor de los escritos que se le atribuían. Es notable que uno de los cargos consistía en que Mariana había echado en cara a los Procuradores a Cortes el ser hombres viles, livianos y venales, que sólo cuidaban de alcanzar la gracia del Rey, sin pensar en los intereses del pueblo, el acusado respondió osadamente ser verdad que había dicho todo esto, y, lejos de excusarse, añadió que así se decía públicamente, sobre todo en Toledo, lugar de su residencia. No deja de ser peregrino encontrarse con un jesuita que aboga por la causa del pueblo contra el Rey y contra los Procuradores a Cortes. Como quiera, ahí está la historia que depone de la verdad del hecho, y a buen seguro que, si en aquellos tiempos hubiese tenido la España sus Procuradores a Cortes del temple del jesuita, el poder de los privados hubiese encontrado un freno, y no es poco lo que hubiera ganado la nación en bienestar y en gloria. Es digno de notarse cuán adelante llevaba su previsión política el religioso de Toledo. En nuestros días se ha hecho la observación de que una de las causas de la decadencia de las antiguas Cortes de Castilla fue el haber sido excluido de ellas, en tiempo de Carlos V, la nobleza y el clero, medida que a primera vista podría parecer muy favorable a la democracia, pero que en realidad preparaba su abatimiento, quitando de en medio el principal obstáculo formado por las clases aristocráticas. Un paso semejante debía halagar naturalmente el ánimo de Mariana, poco adicto de suyo a distinciones de rango, no obstante, su entendimiento dominó en esta parte su corazón, y en su libro *De Rege et Regis Instituione* pronostica que el abatimiento de la aristocracia ahogará la libertad.

Durante el proceso el embajador de España en Roma, conde de Castro, seguía muy activamente una negociación para obtener que se condenasen las obras del acusado. El conde había recibido la orden de pedir al Papa los ejemplares existentes, para entregarlos a las llamas, pero antes de entablar oficialmente la demanda se dirigió al auditor de la Rota, don Francisco de la Peña, pidiéndole sus luces y consejos. En la respuesta de don Francisco de la Peña se nota que a Mariana no le faltaban simpatías en Roma y que no se quería agravar la penosa situación del afligido anciano. Recogiéronse al fin los libros, bien que según parece el embajador desistió de pedirlos al Papa para quemarlos, movido sin duda de las reflexiones que le había hecho sobre este particular don Francisco de la Peña, diciéndole que el Papa no accedería a la demanda. No debe pasarse por alto una las razones sentadas por don Francisco de la Peña de la indulgencia con que era favorecido en Roma el acusado, a saber, la pureza de su vida y su conducta sin tacha. Después de un año de prisión fue puesto en libertad, y volviendo a su retiro de Toledo publicó, a la edad de ochenta y tres años, sus *Escolios sobre el Viejo y Nuevo Testamento*, y murió en 16 de febrero de 1623, edad de ochenta y siete años.

Antes de concluir detengámonos un momento a dar una ojeada sobre el carácter y demás calidades de este hombre singular. Descúbrese en todas sus obras un espíritu elevado, pero profundamente religioso. Acabamos de recordar la pureza y severidad de sus costumbres, y por lo que toca a sus funestas doctrinas sobre una gravísima materia es preciso confesar que, a través de un tono atrevido y fogoso, y que no asienta muy bien a su profesión y estado se manifiesta, no obstante, una intención recta, un ardiente celo por el bien de los reyes y de las naciones. Échese de ver que no escribía sus obras como folletos incendiarios, sino con la mira de que sirviesen de remedios cáusticos, o para atajar el mal o para evitarle si fuera posible. Los desórdenes y calamidades del tiempo de la Liga atribuíalos Mariana a Enrique III, por esta causa se expresa con tanta dureza y exaltación, y en cuanto a España, al ver el ascendiente que iban tomando los privados y esa dejadez en que se sumía el gobierno, y que por desgracia se hizo hereditaria, levantábase su pecho con generosa indignación, temiendo, no sin motivo, que así se obscurecía nuestra gloria, se enflaquecía nuestra pujanza y vendría al suelo toda nuestra grandeza. «Grandes males nos amenazan», decía, desgraciadamente su previsión no ha salido fallida, porque si bien es verdad que la revolución nos ha causado grandes desastres, tampoco lo es menos que los reyes no cuidaron siempre cual debían el magnífico patrimonio que a sus descendientes legaron Fernando e Isabel. El reinado de Carlos II, último vástago de la raza austriaca, y los de Carlos IV y Fernando VII no nos han dejado recuerdos muy gratos. Mariana asistía al comienzo de esta decadencia, creía ver sus causas y señalaba los preservativos. Formado su espíritu en el estudio de los grandes acontecimientos nacionales, no podía sufrir las pequeñas intrigas de palacio, ni las tortuosas y mezquinas miras de ambiciosos cortesanos, quería que el trono salido de Covadonga se asentase sobre cimientos sólidos y anchurosos: la religión, la justicia, las libertades antiguas. Imaginábase en sus bellos sueños que el trono de Pelayo no debía ser ocupado por indignos sucesores, y la indignación latía en su pecho al ver que el impuro aliento de una corte corrompida y aduladora comenzaba a empañar la diadema de Isabel de Castilla. Por esto gritaba con fuerza, a veces con arrebato, levantando su voz más alto de lo que convenía al reposo del escritor y al bien del público, así lo reconoce él mismo escribiendo al cardenal Belarmino. Sin más armas que su pluma, sin más apoyo que el testimonio de su conciencia, llegó formarse una especie de poder tribunicio, muy exactamente expresado por el famoso dicho del presidente del Consejo de Castilla, don Francisco de Contreras cuando, al saber la muerte de Mariana, exclamó «Hoy ha perdido el freno nuestro Consejo.»

IN PRINCIPIO ERAT VERBVM

Este libro se terminó de
imprimir en el año de gracia de 2021,
día 28 de Marzo,
día de San Cirilo de Heliópolis
según el nuevo calendario litúrgico.

La *Asociación Editorial Tradicionalista* agradece
la lectura de esta obra y le anima a divulgarla.
La *Asociación Editorial Tradicionalista* no tiene
ánimo mercantil, por lo que todos los beneficios
obtenidos se reinvierten en la divulgación de la
doctrina católica, y la difusión de las ideas sociales
y políticas del tradicionalismo, bien mediante el
sostenimiento del digital www.tradicionviva.es,
bien mediante la publicación y distribución de obras
impresas, o mediante la convocatoria de conferencias,
actos públicos y otros eventos culturales.
Si quiere realizar una donación lo puede hacer en
www.tradicionviva.es/dona/

www.tradicionviva.es
tienda.tradicionviva.es
redaccion@tradicionviva.es

Dios y Patria   Fueros y Rey

Biblioteca Tradicionalista

Puede pedir el resto de títulos de la Asociación Editorial Tradicionalista en nuestra tienda digital tienda.tradicionviva.es

Colección a Debate

Nº1 *El absurdo del nacionalismo vasco*, por VÍCTOR PRADERA.

Nº2 *El caso España*, por el CARDENAL ISIDRO GOMÁ TOMÁS.

Nº3 *Carlismo para principiantes*, por VALENTINA ORTE.

Nº4 *Las máscaras de los Illuminati*, por JOSÉ FRANCISCO FERNÁNDEZ BULLÓN.

Colección Fundamentos

Nº1 *¿Qué es el Carlismo?*, por el CENTRO DE ESTUDIOS GENERAL ZUMALACÁRREGUI.

EN PREPARACIÓN:

Nº2 *Revolución y contrarrevolución*, por PLINIO CORREA DE OLIVEIRA.

Nº3 *Doctrina social de la Iglesia*, por la ASOCIACIÓN CRUZ DE BORGOÑA.

Nº4 *La Revolución,* MONSEÑOR DE SEGUR.

Colección Gráfica

EN PREPARACIÓN:

Nº1 *Las Reinas Carlistas*.

Colección Historia

Nº1 *Ángel Casimiro Villalaín: el héroe olvidado*, por JOSÉ ANTONIO GALLEGO GARCÍA.

Colección Selecciones Tradición Viva

Nº1 *El Padre Mariana*, por JAIME BALMES.

Contrarrevolución
Cultural Hispánica

Razones para suscribirse gratis ahora

¡No se pierda las mejores historias!
Suscríbase GRATIS a nuestro *newsletter*
Podrá darse de baja en cualquier momento con un solo *clic*.

www.tradicionviva.es/boletin-digital

Con el boletín digital le remitiremos **gratuitamente** todos los artículos publicados en **www.tradicionviva.es**. Le enviaremos **descuentos** para la compra de nuestros libros. Le informaremos de nuestros actos, conferencias y presentaciones de libros, y recibirá gratuitamente en formato PDF la **Revista Soberanía Social**.

www.tradicionviva.es
redaccion@tradicionviva.es

Printed in Great Britain
by Amazon

84639725R00038